Erschienen im Delphin Verlag, Stuttgart und Zürich, 1977.
ISBN 3 · 7735 · 5006 · 5
Made and Printed in Great Britain by Purnell & Sons Ltd., Paulton, Avon.

Walt Disney

Das große DONALD DUCK Bastelbuch

DELPHIN VERLAG

Inhalt

Auf nach Wunderland!

Komm mit auf die Reise nach Wunderland – dort wirst du eine Menge Spaß erleben. Nur hereinspaziert! Augen auf und Mund zu! Was es alles gibt? – Nun: einen freundlichen Drachen, Überschallgleiter als Taxis, fußballspielende Eier, 25 Tage lang Weihnachten, Cowboys Arm in Arm mit Indianern, einen geheimnisvollen Gemüseplaneten und so weiter. Aber geh nur selber auf Entdekkungsreise!

Wunderland ist nicht irgendwo, sondern hier in diesem Buch. Fang zu zaubern an. Gewöhnliche Dinge verwandeln sich in deinen Händen zu tollen Sachen. Du brauchst Werkzeuge, ein bißchen Material, viel, viel Zeit – und schon kannst du alles selber basteln.

Mach dich gleich auf die Reise in dieses Wunderland – dein alter Freund Donald Duck wird dich begleiten.

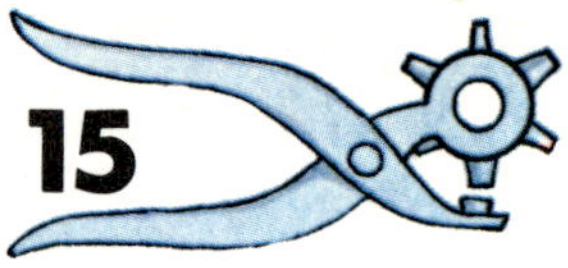

15

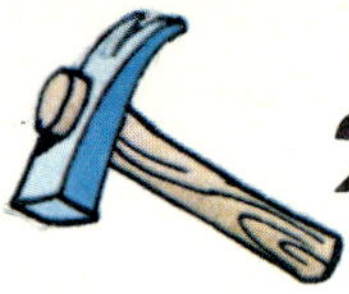

2

Schau dir die Werkzeuge genau an und gib sie den Personen in die Hand, die sie gerade brauchen.

9

Werkzeug

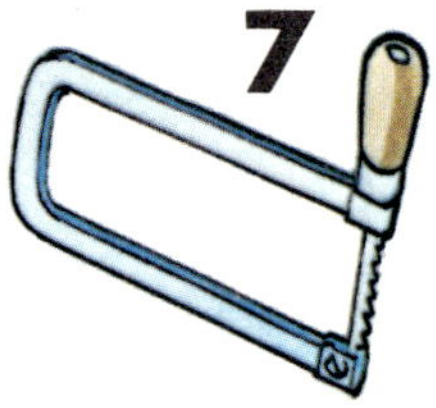

7

1 Nähnadel und Stricknadeln
2 Hammer
3 Schraubenzieher
4 Säge
5 Schere
6 Reißzwecken
7 Laubsäge
8 Zeichendreieck
9 Maßband
10 Drahtzange
11 Kneifzange
12 Messer
13 Pinsel
14 Drillbohrer
15 Lochzange

6

Anmerkung: Natürlich brauchst du für die meisten Basteleien Klebstoff. Meistens genügt ein gewöhnlicher Haushaltkleber, aber wenn das Material besonders gut halten soll, nimmst du einen Spezialkleber.

12
4
8
14
3
10
5
13
11
1

Spaß mit Farben

Es regnet, aber da gleichzeitig die Sonne scheint, spannt sich über den Himmel ein wunderbarer Regenbogen. Tick, Trick und Track werden ganz zappelig vor Aufregung, als sie ihn entdecken. Am liebsten würden sie ins Freie laufen, aber dazu regnet es doch noch zu stark. Was sollen sie tun? Eigentlich könnten sie

ein Bild malen. Onkel Donald wird sich sicherlich freuen, wenn er nach Hause kommt.

* Mit Farben kann man genauso spielen wie mit Noten. Wir brauchen nur sieben Farben zu wählen – Weiß, Schwarz, Gelb, Grün, Blau, Rot und Indigo – und können daraus unglaublich viele verschiedene Farbtöne mischen. Fangen wir bei den einfachsten Mischungen an. Aus Rot und Gelb entsteht Orange. Rot und Weiß ergeben Hellrosa. Grün mit ein bißchen Weiß und ein bißchen Blau wird zu Türkis. Und Grau erhältst du aus der Mischung von Weiß und Schwarz.

* Zu starkes Grün wird mit Schwarz gedeckt, ein zu kräftiges Blau mit Rot und zu grelles Gelb mit Violett. Achte darauf, daß die Farben beim Mischen klar bleiben.

* Nach jeder Farbe mußt du den Pinsel sorgfältig auswaschen.

* Laß die Pinsel nicht im Wasser stehen, sonst gehen sie kaputt.

* Wasserfarben, Plakatfarben und Zeichentinten halten auf Papier, Stoff und Holz (einschließlich Balsaholz).

* Emailfarben braucht man für metallische Oberflächen und für Holz. Zur Reinigung eignet sich Terpentin. Paß auf, denn es ist feuergefährlich.

* Zeitungspapier als Unterlage und eine Schürze können durchaus nützlich sein, denn sie halten dich und deine Umgebung einigermaßen sauber.

Nimm

steifes Papier, farbige Tuschen, Trinkhalme, Pinsel, Zeitungen.

1. Bevor du zu malen beginnst, lege ein paar alte Zeitungen unter.
2. Tauche deinen Pinsel in eine der Tuschen und laß Tropfen auf das Papier fallen. Den Pinsel danach auswaschen.
3. Mit einem Trinkhalm bläst du die Tropfen in alle Richtungen auseinander (siehe Abbildung gegenüber).
4. Die Tropfen verlaufen auch, wenn du das Papier schief hältst.
5. Wenn die Tusche trocken ist, machst du das gleiche mit der nächsten Farbe und so weiter, bis das Bild fertig ist.
6. Es muß natürlich trocken sein, bevor du es aufhängst. Und hast du auch nicht vergessen, alle deine Tuschegläser wieder zuzuschrauben?

Die verrückte Gipsstadt

Ein Schiff kommt, und darauf befindet sich etwas mit »P«. Palmen? Nein! Pfirsiche? Pralinen oder vielleicht Popcorn? Alles falsch! Es ist eine höchst elegante schwarze Pantherdame. Wie ein Filmstar sieht sie aus. Hochmütig blickt sie sich im Lolly-Urwald um – halt, das ist ja gar kein Urwald, sondern eine verrückte Gipsstadt. Klapp, klapp, überall gehen die Fensterläden zu, aus Angst vor der Raubkatze. Tja, da hat die Pantherdame wohl das falsche Schiff genommen.

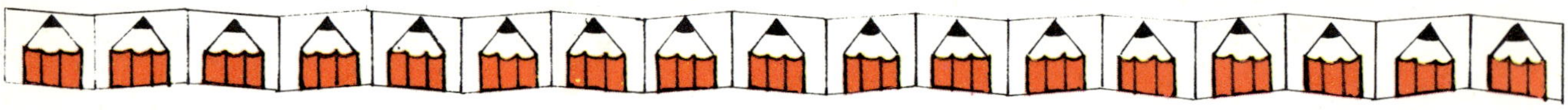

Du brauchst
verschieden große Plastikbehälter, farbige Tuschen, Eimer zum Anrühren, Holzlöffel, Modelliergips, Pappe.

1. Setz den Modelliergips in verschieden großen Plastikbehältern an und rühr so lange mit einem Holzlöffel um, bis er ganz zäh ist.
2. Füge jeweils ein paar Tropfen Tusche bei – für jeden Behälter eine andere Farbe (siehe Abbildung rechts).
3. Das Ganze etwa eine Stunde trocknen lassen.
4. Um den Inhalt aus den Behältern stürzen zu können, mußt du sie kurze Zeit in heißes Wasser stellen. Dann stülpst du sie um und läßt die Form vorsichtig herausgleiten.
5. Auf einem Stück Pappe kannst du nun deine verrückte Stadt aufstellen.

Flugzeuge und Schiffe

Die Familie Duck macht Ferien auf den Federinseln. Donald Duck hat beim Tauchen einen riesigen Austerngarten entdeckt. Die Austern muß er schnellstens an Land bringen, denn Onkel Dagobert schnüffelt bereits herum und möchte auch was davon haben. Währenddessen liegen Tick, Trick und Track am Strand, schlürfen Orangensaft und basteln Papierschiffchen und Flugzeuge, sogar ein Überschallflugzeug ist dabei.

Du brauchst dazu
weißes Papier, Bleistift, Lineal, Filzschreiber.

Das Flugzeug

1. Nimm ein dünnes Stück Papier von 20 x 20 cm (1).
2. Falte die beiden Diagonalen und die Mittellinie (2). Papier wieder ausbreiten, alsdann die beiden Seiten einschlagen, damit sich Figur 3 ergibt.
3. Zwei der Ecken so falten, wie Figur 4 und 5 es zeigen.
4. Wiederum falten (6), so daß zwei senkrechte Dreiecke entstehen. Den oberen Teil des großen Dreieckes nach hinten biegen (7) und die beiden Flügel falten (Figur 8).
5. Für den Schwanz schneidest du einen Streifen Papier zurecht (Länge 20 cm, Breite 4 cm beziehungsweise 9 cm), faltest ihn nach Zeichnung 9 und legst ihn in den Kopfteil (10).

Das Überschallflugzeug

1. Dafür brauchst du ein dünnes Stück Papier von 30 x 30 cm. Wie vorher bis Figur 8 falten.
2. Den Rumpf in der Mitte falten, dann die Flügel zuerst nach innen und noch einmal nach außen falzen.
3. Das Überschallflugzeug mit bunt angemalten Streifen phantasievoll verzieren.

Das Schiff

1. Du brauchst weiches Zeitungspapier von 23 x 30 cm.
2. Einmal auf die Hälfte falten (A) und die beiden Ecken vom Mittelfalz her umbiegen (B).
3. Den unteren Teil vorne und hinten nach oben falten (C), dann die Ecken nach innen falzen (D).
4. Das Dreieck von der breiten Seite her öffnen und die beiden gegenüberliegenden Ecken aufeinanderlegen (E), damit ein Viereck entsteht (F).

5. Viereck in der Diagonale falzen und die Ecken hinten und vorne nach oben legen (G), so daß wiederum ein Dreieck entsteht (H).
6. Das Dreieck wieder von der breiten Seite her öffnen (I) und die beiden gegenüberliegenden Ecken aufeinanderlegen, damit Figur J entsteht.
7. Die Ecken von oben her auseinanderziehen (K) – und fertig ist dein Boot (L).

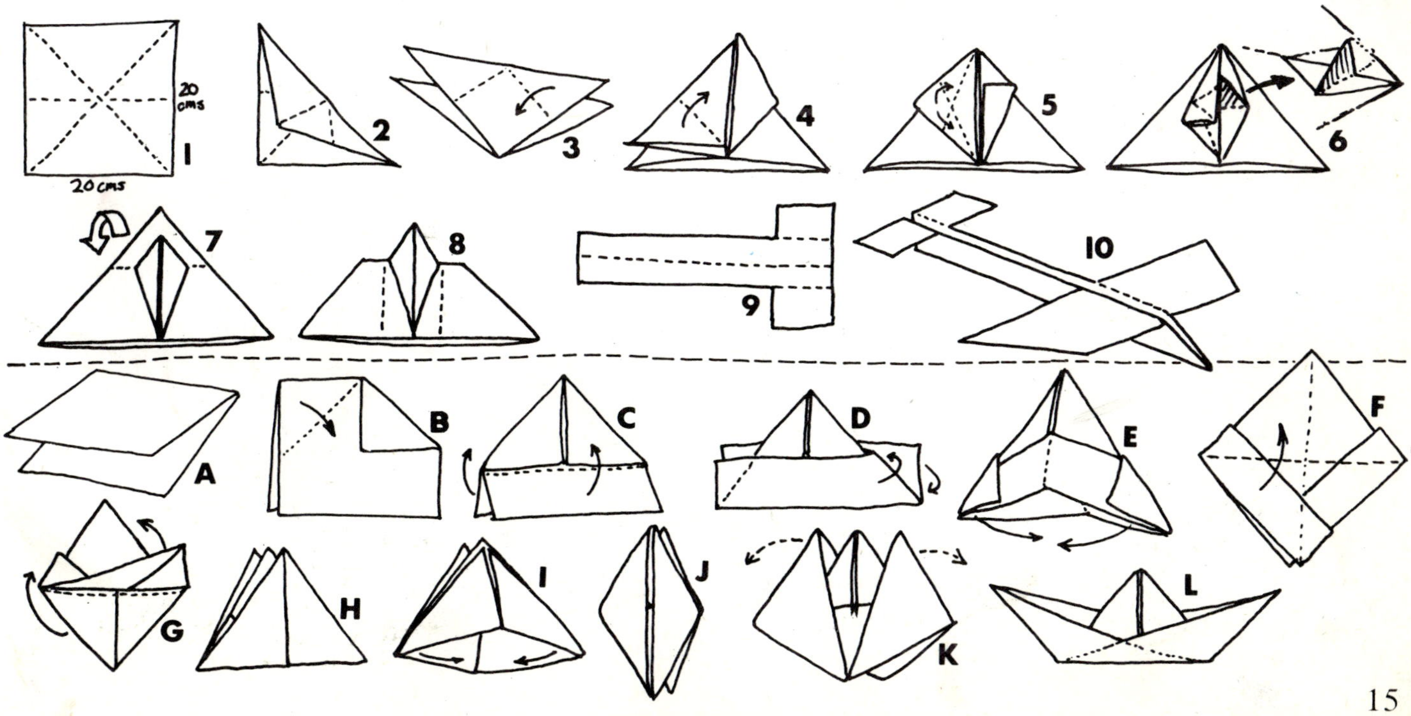

Papierblumen

Huch! Donald Duck hat mit Schrecken festgestellt, daß heute Daisys Geburtstag ist. Ein Blick auf die Uhr: schon vier, und in ein paar Minuten soll die Party beginnen. Donald gerät in Panik. Es ist Samstagnachmittag und natürlich kein Laden offen, um auch nur das kleinste Geschenk zu kaufen. Aber dann hat Donald die Idee. Er nimmt buntes Papier und eine Schere, arbeitet eine Zeitlang wie besessen – und schon steht er mit einem originellen Blumenstrauß vor Daisys Tür. Herzlichen Glückwunsch!

Du brauchst
farbiges Kreppapier, Schere, Stoffreste, Wollfaden, Watte, Draht, Klebstreifen.

1. Für das Innere der Blumen brauchst du ein Stück Stoff von etwa 10 cm Durchmesser. Etwas Watte in die Mitte legen, den Stoff unten zusammennehmen und mit Wollfaden verschnüren.
2. Für die Blütenblätter schneidest du dir einen etwa 40 cm langen und 10 cm breiten Streifen Kreppapier zurecht.
3. Die eine Seite gezackt oder gewellt einschneiden.
4. Den Wattebausch nicht zu fest mit dem zurechtgeschnittenen Streifen umwickeln (siehe Abbildung links). Das Papier am Stiel mit Wollfaden verschnüren.
5. Für den Stengel brauchst du ein Stück Draht, den du in die Blume hineinsteckst.
6. Mach dir die verschiedenartigsten Blumen, binde sie zu einem Strauß zusammen, den du in farbiges Papier wickelst – und schon hast du ein tolles Geschenk.

Die Silberente

Onkel Dagobert hat einen Traum… Er reitet auf einem Schaukelpferd durch den Zauberwald und sucht eine silberne Ente. Mit leiser Stimme ruft er: »Wo bist du, meine geliebte Aurora Quack-Quack? Dein Prinz sucht dich und sehnt sich nach dir. Geh nicht fort, ich will dir meinen ganzen Schatz zu Füßen legen

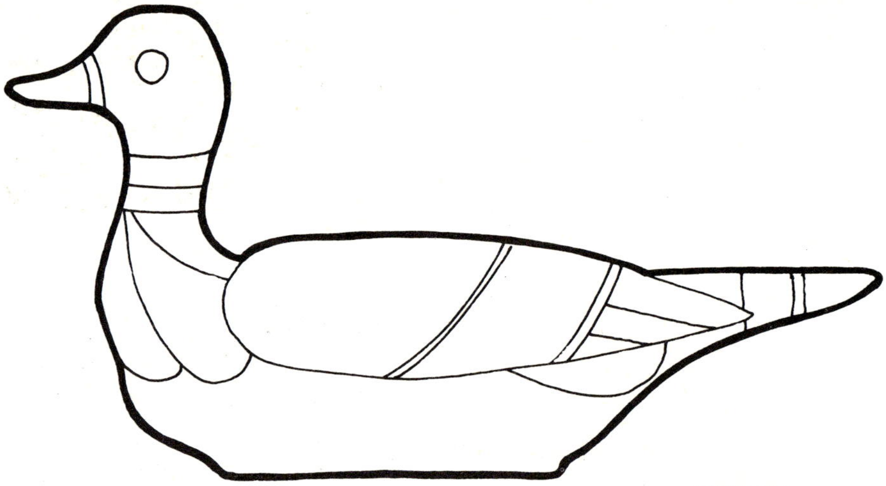

– eine Kiste voller Gold und Juwelen!«
Gott sei Dank wacht der alte Geizkragen rechtzeitig auf. »Stöhn! Bin ich froh, daß das nur ein Traum war… Beinahe hätte ich mein ganzes Vermögen für eine silberne Ente ausgegeben.«
Wenn du eine silberne Ente machen möchtest, benötigst du keine Schätze.

Du brauchst
dünnen weichen Draht, Zeitungspapier, Alufolie in verschiedenen Farben, Schere, Kleber.

1. Zuerst mit dem Draht das Gerippe einer Ente formen.
2. Das Innere der Figur mit Zeitungspapier ausstopfen.
3. Die Alufolie in lauter kleine Stücke reißen.
4. Die Ente rundherum damit bekleben, entweder nach dem Muster auf der Seite gegenüber oder nach deiner eigenen Phantasie.

Papiermasken

Tick, Trick und Track sind zu einem Fest eingeladen. Alle werden dort sein: Micky Maus, Minni, Cinderella, Robin Hood und alle anderen Freunde aus dem Disneyland. Aber jeder soll verkleidet kommen. Da die drei kein Geld haben, müssen sie sich ihre Kostüme selbst machen. Am billigsten und am lustigsten sind Masken aus Papier. Gerade, als sie mit ihrer Arbeit fertig sind und ihr Werk anprobieren, kommt Onkel Donald nach Hause. Vor Schrecken wäre er beinahe in Ohnmacht gefallen: »Hilfe, Räuber im Haus! Polizei! Hilfe!«

Du brauchst
große Papiertüten oder kleine Kartons, Pappe, Messer, Schere, weiße Wollfäden, Kleber, Pauspapier, Plakatfarben und Pinsel.

1. Du brauchst große Papiertüten, die du dir über den Kopf ziehen kannst. (**Warnung:** keine Plastiktüten!) Auch kleine Pappkartons eignen sich dafür.

2. Zeichne dir auf Pauspapier eine Maske vor und übertrage sie auf die Tüte.
3. Male sie schön bunt an.
4. Als Bart klebst du weiße Wollfäden an.
5. Das Mützenschild malst du auf steifen Karton, schneidest es aus und klebst es auf die Maske.
6. Auch die Ohren schneidest du aus Karton aus und klebst sie an Ort und Stelle. Und fertig ist deine Maske!

Partyschmuck

Daisy bereitet ihre nächste Party vor. Oma Duck will ihr dabei helfen, wovon Daisy nicht sehr begeistert ist, denn Oma ist etwas altmodisch. Daisy jedoch möchte es einmal ganz anders machen... Kannst du sie mit guten Ideen unterstützen?

Du brauchst
Pappbecher, Pappteller, Plastikbesteck, farbigen Klebstreifen, Papierstreifen, Schere, Bleistift, Ballons, Farben.

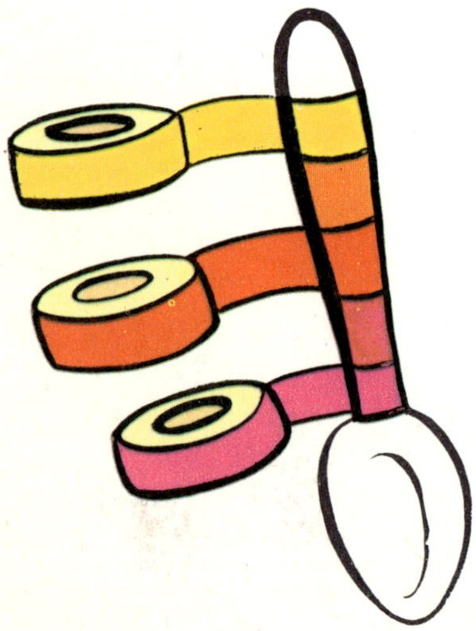

1. Hier sind ein paar bunte Ideen für dein nächstes Fest: Teller und Becher gibt es in sehr hübschen Mustern billig zu kaufen. Das meist weiße Besteck kannst du mit farbigen Klebstreifen verzieren (siehe Abbildung links).
2. Für die Micky Maus-Kette brauchst du einen langen, 10 cm breiten Papierstreifen, den du wie eine Ziehharmonika zusammenfaltest. Schneide von der Kante her eine halbe Micky Maus aus, falte das Papier wieder auseinander, und du hast eine lange Kette von Micky Mäusen.
3. Du kannst auch aus jeder anderen Walt Disney-Figur eine Papierkette machen.
4. Großen Erfolg wirst du auch mit Ballonclowns haben. Für Körper, Kopf, Arme und Beine klebst du verschieden große Ballons zusammen. Vergiß nicht, ein lustiges Gesicht darauf zu malen!

Eierköpfe

Heute findet ein sehr wichtiges Fußballspiel zwischen der Mäuse-Elf und der Enten-Elf statt. »Tooor!« schreien die Zuschauer, als der Ball ins Netz fliegt. Aber die Spieler sind damit nicht einverstanden, und im Nu entsteht die schönste Rauferei. Auch die Zuschauer mischen sich ein und feuern ihre jeweilige Mannschaft nicht nur mit Zurufen an. Und schon bald kann von Fußballspielen nicht mehr die Rede sein. – Wenn du zu Ostern solche Eier malst, wirst du großen Erfolg haben.

Du brauchst
Eier, Pauspapier, Bleistift, Pinsel, Farben, Klarlack.

1. Zuerst mußt du die Eier ausblasen, indem du oben und unten vorsichtig ein Loch hineinpikst und das Innere in eine Schüssel bläst. Vielleicht backst du nachher daraus einen Osterkuchen.
2. Wenn du dich nicht traust, die Gesichter direkt auf die Eier zu malen, zeichne sie zuerst auf Pauspapier und übertrage sie dann auf die Eier.
3. Dabei mußt du natürlich sehr vorsichtig sein, da die Eier zerbrechlich sind.
4. Mal sie bunt an und überziehe sie mit Klarlack.

Fünf Abzeichen

Möchtest du nicht auch einmal nach Disneyland fahren? Dort gibt es viele Überraschungen für dich. Überall siehst du die bekannten Disney-Figuren, und du kommst dir wie im Märchen vor. Und am Ausgang wartet noch etwas Besonderes auf dich: ein Abzeichen nämlich, das dich an diesen schönen Tag erinnern soll.

Du brauchst dazu
Pappe, Pauspapier, Bleistift, Messer, Farben und Pinsel, Fixativ oder Klarlack, Sicherheitsnadeln.

1. Auf Pauspapier zeichnest du die Figur vor, die dein Abzeichen schmücken soll. Dann überträgst du sie auf die Pappe.
2. Ziehe die Linien noch einmal mit Bleistift nach.
3. Schneide den Umriß säuberlich mit einem Messer aus.
4. Male das Abzeichen bunt an und überziehe es nach dem Trocknen mit Klarlack oder Fixativ.
5. Befestige mit Klebstreifen eine Sicherheitsnadel auf der Rückseite, und schon kannst du dein selbstgebasteltes Abzeichen anstecken.

Warnung: Denk daran, für Frischluftzufuhr zu sorgen (zum Beispiel die Fenster zu öffnen), wenn du mit Lack arbeitest. Die Dämpfe, die dabei entstehen, sind schädlich.

Buchhülle

Onkel Dagobert geht ins Bett, und alle wünschen ihm eine gute Nacht. Kaum hat er sich ausgestreckt, fängt er zu träumen an. Auf der Suche nach einem alten Buch ist er schon durch die ganze Welt gereist und kann es nirgends finden. Da läutet der Wecker! Onkel Dagobert schreckt auf, rennt in die nächste Bibliothek, und was findet er? Das Buch, von dem er geträumt hat! Es enthält eine uralte Karte von der fernen Insel Duckydaskar, auf der ein Schatz vergraben sein soll.

Du brauchst
schwarzen Filz, farbige Filzreste, Kleber, Schere, Pauspapier, Nadeln, Papier, weißen Filzschreiber.

Willst du deinen alten Büchern nicht mal ein neues Kleid anziehen?

1. Dazu mußt du erst einmal die Maße des betreffenden Buches nehmen.
2. Übertrage sie auf Pauspapier (die beiden Buchdeckel plus Rücken plus eine entsprechende Zugabe rundum).
3. Das ausgeschnittene Muster heftest du mit Stecknadeln auf den schwarzen Filz und schneidest ihn zu.
4. Dann kannst du das Schnittmuster wieder entfernen.
5. Mit weißem Filzschreiber markierst du die Umrisse des Buches, dann weißt du, wieviel nachher nach innen gefaltet werden muß.
6. Aus verschiedenen Filz- und Stoffresten schneidest du die Collage auf der Seite gegenüber aus.
7. Kleb sie vorn und hinten auf die Buchhülle, die du zum Trocknen zwischen schwere Bücher klemmst. Dann hält's besser.
8. Wenn die Hülle fertig ist, wird der eine Deckel mit Kleber bestrichen und der Filz sorgfältig darauf gepreßt. Das gleiche geschieht mit Rücken und anderem Buchdeckel.
9. Wenn alles trocken ist, wird der überstehende Rand nach innen geschlagen und ebenfalls angeklebt. Vorher den Teil über dem Rücken oben und unten sauber abschneiden.
10. Als I-Tüpfelchen kannst du noch die Innenseite des Buches mit farbigem Papier bekleben, damit es besonders schön aussieht.

Plastilinkünstler

Seit Wochen hat man in Entenhausen auf einen sonnigen Sonntag gewartet, und heute ist es endlich soweit. Nun vertiefen sich alle Ducks in die Landkarte und beratschlagen, wo's hingehen soll. Daisy darf wählen; sie möchte an einen See fahren.

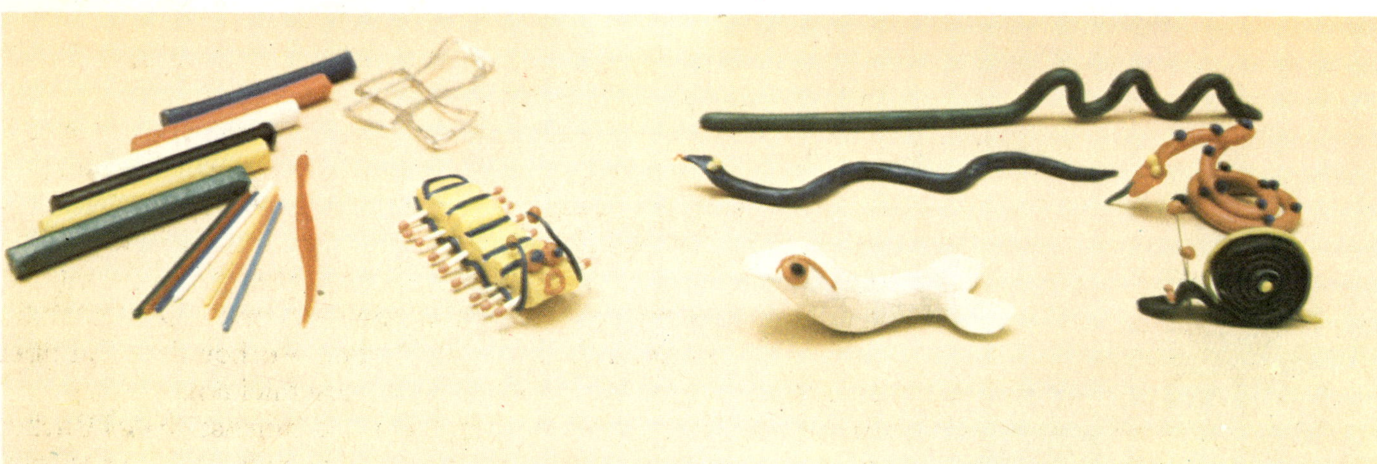

Du brauchst

buntes Plastilin, Modellierholz, Spiegel, künstliches Gras, Zahnstocher, Streichhölzer.

Aus Plastilin kannst du formen, was du willst und wie du willst – Tiere, Pflanzen, Menschen –, und wenn du sie nicht mehr magst, machst du einfach etwas anderes daraus.

1. Aus einem kleinen Stück Plastilin rollst du zum Beispiel einen Wurm. Augen und Maul aus einer anderen Farbe kneten und aufdrücken.
2. Eine Raupe entsteht aus einem langen rechteckigen Stück Plastilin, in das du 20 Zündholzstückchen als Beine steckst. Zwei Streichholzköpfchen brauchst du für die Augen und zwei weitere für die Fühler.
3. So eine Landschaft wie unten auf dem Photo kannst du auch anlegen. Aus dem Spiegel wird ein See, das künstliche Gras wird drumherum gelegt.
4. Für den Sonnenschirm nimmst du ein Stück Plastilin als Fuß, steckst einen Zahnstocher hinein und wickelst am oberen Ende einen langen dünnen Streifen Plastilin drumherum, bis ein Schirm entsteht.
5. Den gelben Lehnstuhl formst du aus einer Plastilinkugel, in die du mit dem Daumen den Sitz drückst. Dekoration nicht vergessen.
6. Jetzt hast du schon einige Fertigkeit und kannst sicher mit Leichtigkeit die Badenixe modellieren, die von der Sonne ganz schwarz gebrannt ist.

Donalds Adventskalender

Die Weihnachtszeit rückt immer näher, und Donald Duck wird ganz wehmütig ums Herz, wenn er zum Fenster hinaussieht. Der tiefverschneite Garten und die weiße Landschaft lassen ihn von einem verzauberten Garten träumen, in dem Tausende von Blumen blühen. Vierundzwanzig davon will er für Daisy pflücken und einen Adventskalender daraus machen.

Du brauchst
leere Schuhschachtel, Lineal, Bleistift, Zirkel, Schere, Messer, dünnen Karton, Kleber.
Über diesen Kalender werden sich dein kleiner Bruder oder deine Schwester sicher sehr freuen.

1. Die Schuhschachtel sollte etwa 30 cm lang und 18 cm breit sein und einen Deckel haben.
2. Den Deckel teilst du in zwei Teile. Die obere Hälfte soll 25 cm lang sein (siehe oben). Zeichne 24 Kreise von etwa 3 cm Durchmesser mit dem Zirkel ein. In den unteren Teil kommt ein großer Kreis. Mit einem Messer alle Kreise säuberlich ausschneiden.
3. Nun brauchst du 24 kleine und eine große Röhre aus dünnem Karton, die alle so lang sind, wie die Schachtel tief ist.
4. Ein rechteckiges Stück Karton (etwa 8 cm lang) wird so zusammengerollt und -geklebt, daß es in den Kreis hineingesteckt werden kann (Figur 1).
5. Wenn deine Schachtel keinen Deckel hatte, mußt du die Röhren auf der einen Seite verschließen. Ein Kreis, der 2 cm mehr Durchmesser als die Röhre hat, wird ringsherum 1 cm tief eingeschnitten (Figur 2). Die Kanten nach innen biegen, auf der Außenseite mit Kleber bestreichen und das Ganze in die Röhre einpassen (Figur 3).
6. Für den Deckel Kreise ausschneiden, die genau auf die Röhre passen (Figur 4) und die vor dem Aufkleben mit Fenstern versehen werden (Figur 5), so daß man gut in die Röhre hineinlangen kann.
7. Die Röhren in die Löcher stecken, die Fenster von 1 bis 25 numerieren und den ganzen Kalender schön bunt anmalen.
8. Leg 24 kleine und ein großes Geschenk hinein, denn dieser Kalender ist etwas Besonderes – er beschert auch noch am 25. Tag eine Überraschung!

1
2
3
4
5

Dumbo-Pinnbord

Donald Duck hat einen ganzen Berg Schulden. Deshalb packt er alle unbezahlten Rechnungen zusammen und zieht sich damit in ein kleines Häuschen im Wald zurück. Zur Erinnerung pinnt er die Rechnungen an die Holztür, aber als er einmal weg ist, machen Ahörnchen und Behörnchen lauter Flugzeuge und Boote daraus. Auch eine Art, seine Rechnungen loszuwerden, freut sich Donald.

Du brauchst
Styroporplatte, grauen und bunten Filz, Pauspapier, Bleistift, Kleber, Reißzwecken.

1. Eine Styroporplatte wird mit Filz bespannt. Auf der Rückseite mit Reißzwecken feststecken.
2. Auf Pauspapier malst du Dumbo, überträgst die Umrisse auf den grauen Filz und schneidest sie aus.
3. Dumbo wird auf die Platte geklebt.
4. Ohren, Augen, Fußsohlen, Mund und Falten werden aus bunten Filzresten zugeschnitten und ebenfalls aufgeklebt. Nun ist dein Pinnbord fertig, und du weißt wohin mit deinen Notizen.

Fingerpuppen

Tick, Trick und Track sind allein zu Hause. Zuerst spielen sie, aber dann wird es ihnen schnell langweilig, und sie fangen an, sich gegenseitig mit Sachen zu bewerfen. Tick wirft dabei eine Spardose auf Track, aber leider trifft er den Fernseher. Krack, die Bildröhre ist kaputt! Und ausgerechnet heute wollte Onkel Donald einen spannenden Krimi sehen.
Da haben die Neffen eine glänzende Idee. Sie basteln sich Fingerpuppen und lassen sie im Fernseher tanzen. So wird Onkel Donald den Schaden nicht sofort bemerken, und sie können sein Donnerwetter noch etwas hinausschieben.

Wie du vergrößern kannst

Dafür teilst du ein Stück Pauspapier in Planquadrate von 1 x 1 cm ein. Dann legst du es über die Zeichnung und paust sie durch. Nun machst du dir ein neues Papier mit größeren Planquadraten (je nach der beabsichtigten Vergrößerung), auf das du die durchgepauste Zeichnung Quadrat für Quadrat überträgst.

Du brauchst

Pauspapier, weißen Karton, Bleistift, Zirkel, Messer, Farben.

1. Pause die drei Neffen ab.
2. Übertrage sie, je nachdem, wie groß du sie haben willst, auf weißen Karton. Vergiß nicht, in jede Figur zwei Kreise zu zeichnen (siehe Photo oben), durch die du nachher deine Finger stekken kannst.
3. Schneide die Umrisse aus, danach die Kreise.
4. Male die Figuren sorgfältig an und laß sie trocknen.
5. Steck deine Finger durch die Kreise, und du kannst die Neffen tanzen lassen.

Eine lustige Marionette

Der große böse Wolf hat einen neuen Trick, um die drei kleinen Schweinchen zu fangen. Er will Theater spielen und sie dazu einladen.
Schweinchen Schlau durchschaut jedoch den Plan und bittet den kleinen Wolf, sie zu begleiten. Als der große böse Wolf seinen Sohn zwischen den drei kleinen Schweinchen sitzen sieht, schämt er sich und spielt ihnen ein lustiges Theaterstück vor.

Du brauchst
Streichholzschachteln, eine leere Konservendose, Pappe, Knöpfe, Faden, Holz, Reißzwecken, Kleber, Plakatfarben, Emailfarben, dicken runden Pinsel.

1. Alle Einzelteile, aus denen du die Marionette zusammensetzt, anmalen: die Streichholzschachteln (= Arme und Beine), die Konservendose (= Körper) und den Pinsel (= Kopf). Für die Dose Emailfarbe benützen, die in etwa drei Stunden trocken ist.
2. Hände und Füße aus Pappe ausschneiden und ebenfalls anmalen.
3. Bohre in die Büchse seitlich (A und B) und in den Boden (C und D) je zwei Löcher.
4. Bevor du die Teile zusammenfügst, müssen sie richtig trocken sein.
5. Klebe Hände und Füße an je eine Streichholzschachtel.
6. Bohre in die Schachteln Löcher, damit du die Fäden durchziehen kannst.

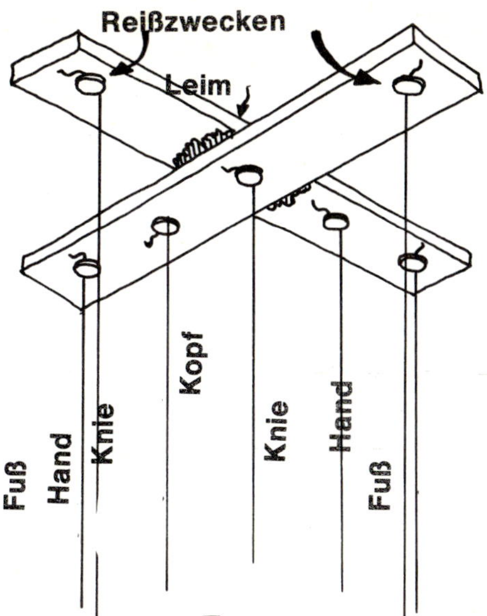

F

7. Klebe den Pinselkopf auf dem Körper fest.
8. Durch die Streichholzschachteln Fäden ziehen, die du vor und hinter jedem Loch sorgfältig verknotest (E).
9. Klebe zwei große Knöpfe auf den Körper.
10. Für das Holzkreuz, an dem die Marionette geführt wird, brauchst du zwei dünne Brettchen, je 15 cm lang und 1 cm breit. Klebe sie in der Mitte aufeinander und binde sie sicherheitshalber auch noch mit Schnur zusammen.
11. Befestige wie auf Zeichnung F sieben Reißzwecken auf der Unterseite des Kreuzes und hänge daran die Fäden mit den entsprechenden Körperteilen auf. Nun mußt du ein bißchen üben, bis du durch Bewegen des Kreuzes die Marionette tanzen lassen kannst.

Allerlei Leute

»In der Schublade ist es so langweilig. Kommt, laßt uns in die weite Welt ziehen«, sagen die vier Korken.
Und so machen sie sich auf in eine Welt, die nur für sie sichtbar ist. Im Wilden Westen gesellen sie sich zu Pistoleros und Indianerhäuptlingen.
Und als sie am Abend in einem Tal Rast machen, entdecken sie sogar eine wunderschöne Prinzessin. Sie nimmt sie auf ein Schloß mit, wo ein lustiges Fest gefeiert wird.

Du brauchst
für die *Prinzessin*: kleine Blätter, Stoffreste, Nadel und Faden, Plastilin, Baumwolle, kleines Glas, Farben und Pinsel;
für die *Korkmänner*: Korken, festen Karton, scharfes Messer oder Schere, Briefklammern, Farben und Pinsel;
für den *Cowboy-Bleistift*: kurze Bleistifte, Federmesser, Farben und Pinsel, Plastilin;
für die *Dame*: zwei Korken, Pinsel, Knöpfe, Farben und Pinsel, Kleber, glatte Baumwolle, Bändchen;

für den *Drachen*: Besenkopf, Kronenkorken, Korken, Nägel, Hammer, Messer, Makkaroni, Farben und Pinsel; für den *kleinen Drachen*: Schuhbürste, Farben, Pinsel; für die *schlafende Maus*: Streichholzschachtel, Streichhölzer, buntes Papier, Pappe, Kleber, Schere, Messer, Haselnuß, Farben und Pinsel.

Die Prinzessin

1. Dafür brauchst du Plastilin, aus dem du erst einmal den Kopf und den Rumpf formst. Male ein hübsches Gesicht.
2. Aus Baumwolle machst du die Frisur und klebst sie auf den Kopf (siehe Abbildung A nächste Seite).
3. Der Haarschmuck besteht aus Blättchen, die du auf die Haare klebst (B).
4. Mache aus Stoff ein Cape, das man vorne zubinden kann (C).
5. Auch die Arme und Hände machst du aus Stoff (ein bißchen Watte zum Ausstopfen benützen) und nähst sie dann innen am Cape fest (D und E).
6. Den Rumpf stellst du auf ein kleines Glas (F), das du mit ei-

nem Rock umhüllst. Schlinge noch ein hübsches Band (G) um die Taille, und die Prinzessin ist fertig.

Die Korkmänner

1. Ein dicker Korken wird bunt angemalt (Abbildung A, Seite 43).
2. Den Hut aus festem Papier zuschneiden. Ein größerer Kreis für den Rand (B), ein kleinerer für den Deckel, dazwischen kommt ein schmaler Streifen als Röhre. Zuerst alles zusammenkleben, dann erst auf den Korken kleben.
3. Für die Beine und Füße werden zwei Briefklammern auseinandergebogen (C). Auf jeden Fuß ein Stückchen Pappe kleben (D), und die Beine in den Korken bohren (E).

A
B
D
E
C
F
G

P
J
L
N
O
Q
K
M
R
I

Die Bleistift-Cowboys

Wirf deine Bleistift-Stummel nicht weg! Daraus werden im Handumdrehen kleine Cowboys und Indianer.

1. Schnitze sie so zurecht, wie Zeichnung F zeigt. Dazu brauchst du viel Geduld, denn die Gesichter sind winzig klein. Male sie danach bunt an (G).
2. Die Hüte werden aus Plastilin geformt.
3. Als Füße klebst du je zwei Pappestückchen darunter (H). Jetzt können die Cowboys richtig stehen.

Die Dame

1. Besorge dir einen großen flachen Pinsel (Abbildung I, Seite 42) und male ihn bunt an. Das ist der Rock.
2. Male zwei große Korken als Rumpf und Kopf an (J und K).
3. Kopf und Rumpf zusammenkleben und kleine Perlen als Kette um den Hals kleben (L). Dann den Rumpf auf den Rock kleben (M).
4. Für die Frisur brauchst du zwei Stränge glatter Baumwolle, der eine 10 cm, der andere 5 cm lang. Der längere Strang wird in der Mitte wie ein Scheitel abgenäht und an den Seiten mit Bändchen zusammengebunden (N und O). Der kürzere Strang wird zu einem Knoten gewunden (P) und auf dem Oberkopf angenäht. Klebe die Frisur auf den Kopf.
5. Zwei Blumenknöpfe (R und Q) auf die beiden Ecken des Reifrockes geklebt, geben der schönen Dame den letzten Pfiff.

Allerlei Tiere

Die kleine Maus hat einen anstrengenden Tag hinter sich und beschließt, früh ins Bett zu gehen. Es ist zwar noch nicht aufgeräumt, aber das kann sie morgen auch noch tun. In der Nacht hat sie einen wunderlichen Traum. Zuerst erscheint ein großer Drache mit einem Besen und kehrt alle Zimmer. Dann folgt ein kleiner Drache, der mit einem Pinsel über alle Möbel fährt. In der nächsten Nacht träumt die Maus wieder dasselbe, und seit sie diese wunderlichen Träume hat, ist ihr Haus immer sauber und aufgeräumt.

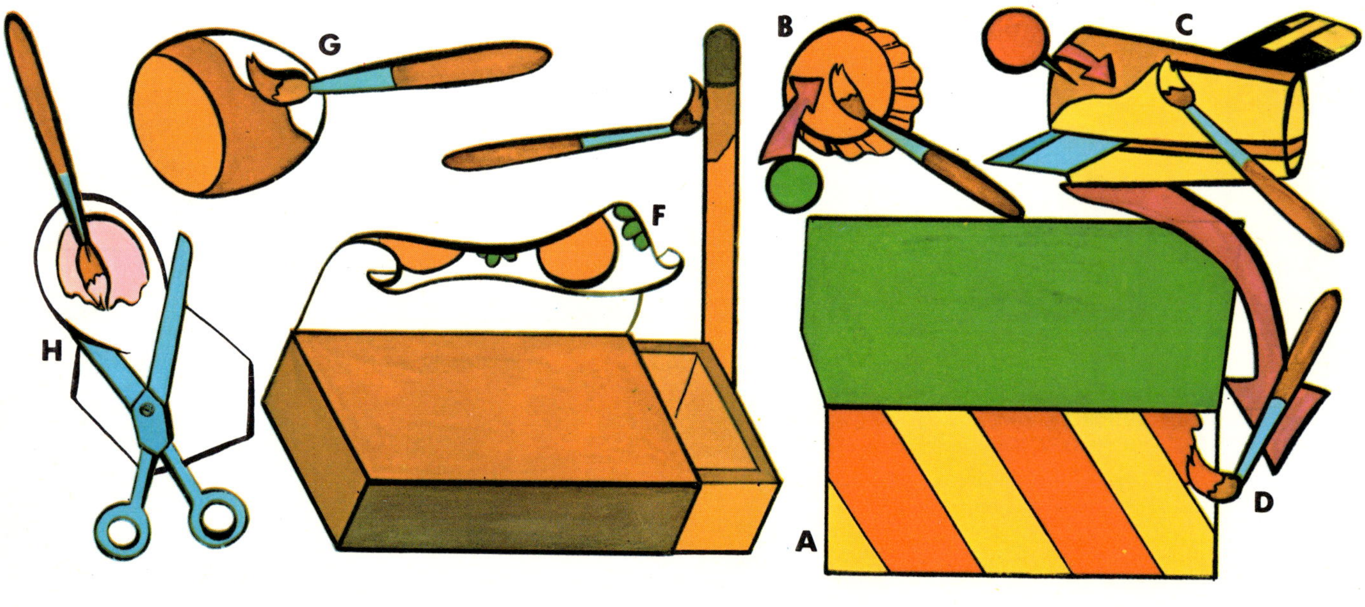

Der große und der kleine Drache

1. Ein kleiner Besen wird bunt angemalt (Abbildung A, linke Seite), ebenso vier Kronenkorken (B). Ein Korken wird der Länge nach durchgeschnitten und als Drachengesicht bemalt (siehe Photo und Abbildung C). Zwei Makkaroni anmalen; sie dienen als Schwanz.

2. Die Kronenkorken mit Nägeln am Drachenkörper befestigen, aber so, daß sie sich bewegen können (siehe Photo).

3. Kleb den Drachenkopf fest (D).

4. Die Makkaroni werden in Stücke gebrochen und auf einen Faden aufgezogen. Das eine Ende des Fadens verknoten, das andere mit einer Reißzwecke an den Drachenkörper stecken (E). Aus einer angemalten Schuhbürste wird der kleine Drache.

Die schlafende Maus

Das Bett wird aus einer Streichholzschachtel gemacht. Vier Streichhölzer dienen als Bettpfosten, geblümtes Papier als Decke (F). Der Mäusekopf ist eine bemalte Haselnuß (G) mit Papieröhrchen (H).

Minnis Schürze

Minni besitzt eine schöne Schürze, die sie immer dann anzieht, wenn sie für Micky Maus einen Kuchen backt. Daisy möchte die Schürze auch tragen und bittet Minni, sie ihr zu leihen. Vielleicht gelingen Daisy die Plätzchen, die sie für Donald backen will, nun besonders gut.

Du brauchst
50 cm bunten Stoff, 80 cm buntes Band, 20 cm gelben Filz, 30 cm schwarzen Filz, 20 cm rosa Filz, etwas weißen Filz, Schere, Nadel, Faden.

1. Mit Hilfe der Zeichnung nebenan kannst du Minnis Gesicht passend für deine Schürze vergrößern. (Wie man etwas vergrößert, steht auf Seite 36.)
2. Zeichne das vergrößerte Gesicht auf Pauspapier und übertrage alle Umrisse (Gesicht, Augen, Ohren, Mund, Nase und Schleife) auf die entsprechenden Filzstücke (die Farben siehst du auf dem Photo oben).
3. Schneide jedes Teil aus und nähe sie alle auf den Stoff, den du dir für deine Schürze ausgesucht hast.
4. Die Schürze rundum säumen, Bänder in ausreichender Länge als Schürzenbänder annähen, und nun kannst du deinen ersten Kuchen damit backen.

Vogelscheuchen-Collage

Donald und seine Neffen Tick, Trick und Track sind auf Oma Ducks Farm zu Besuch. Nach dem Frühstück machen sie sich auf Entdeckungsreise in die Roten Berge – dort sollen einmal Wesen von einem anderen Planeten gelandet sein. In einer der Höhlen finden sie tatsächlich eine geheimnisvolle Wandmalerei. Es ist ein toller Fund, aber Donald hat einen solchen Schrecken bekommen, daß er wie eine Rakete davonrast.

Du brauchst
farbige Pappe, Bleistift, Kleber, viele Absatzeisen, Unterlagsscheiben, Reißzwecken, Scharniere und Kettenglieder.

1. Auf ein großes Stück farbiger Pappe zeichnest du dir die Figur vor, die du machen willst.
2. Such dir alle möglichen kleinen Metallgegenstände zusammen, die nicht mehr gebraucht werden: Scharniere, Unterlagsscheiben, Reißzwecken, Absatzeisen, Kettenglieder, Vorhangringe, Briefklammern, Schrauben und Konservendeckel.
3. Zum Reinigen legst du sie in eine Mischung aus Wasser und Essig, läßt sie darin etwas liegen und säuberst sie dann mit einem Reinigungsmittel.
4. Nun kannst du die verschiedenen Gegenstände wie auf der Zeichnung an Ort und Stelle kleben.

Eine Raumschiff-Collage

Micky Maus ist von einem Unbekannten auf einen fernen Planeten entführt worden. Als Mickys Freund, Eta Beta, davon erfährt, steigt er schnell in sein Raumschiff und macht sich auf die Suche im Weltraum.

Du brauchst
Kleber, Bleistift, Silberpapier, Streichhölzer, Kronenkorken, Klebstreifen, Silbersterne, Steine, Walnüsse, Wäscheklammern und Federn.

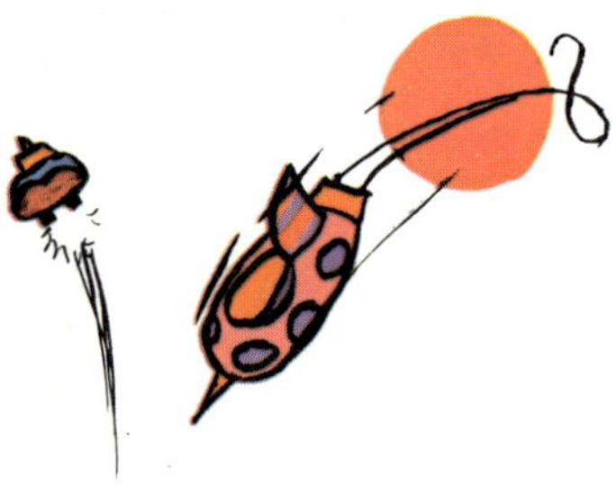

Diese hübsche Collage soll dich anregen, selbst einmal mit viel Phantasie so etwas zu machen – du wirst über das Ergebnis bestimmt begeistert sein.
Wichtig ist, daß du dir ein schönes Bild ausdenkst, dessen Umrisse du auf ein großes Stück Pappe skizzierst. Du kannst auch ein Bild abmalen und vergrößern (Anleitung zur Vergrößerung findest du auf Seite 36). Jetzt schneidest du dir alles mögliche Material zurecht und beklebst damit die Umrisse. Das Photo daneben soll dich in die richtige Stimmung versetzen.

Der phantastische Planet

Tick, Trick und Track haben den ganzen Tag im Zirkus verbracht und lesen nun in der Zeitung, daß ein neuer Science Fiction-Film angelaufen ist. Den wollen sie unbedingt sehen, und sie bitten Onkel Donald, mit ihnen hinzugehen. Aber Donald hat

kein Geld, deshalb wenden sie sich an Onkel Dagobert. Zufälligerweise liebt er Science Fiction-Filme und lädt die ganze Familie ins Kino ein. Und das war die Handlung des Films:

Irgendwann, es muß Anfang April gewesen sein, ereigneten sich merkwürdige Dinge auf dem Planeten Zaker. Nördlich vom Markasee liegt das einzige Königreich des Planeten, und von hier aus starteten 12 und 31, zwei seit Ewigkeiten miteinander befreundete Karotten, ihre merkwürdige Reise.

Eines schönen Tages, als 12 und 31 noch schliefen, landete ein Raumschiff auf Zaker. Langsam setzte Kürbis 02 auf der Zauberwiese auf, und heraus stiegen vier Artischocken. Sie trugen blitzende Edelsteine und einen prächtig geschmückten Stengel.

Ein Lichtring umgab den Planeten und weckte das Gemüse, das sich sofort zum Landeplatz begab. In seltsamen und wunderlichen Scharen strebte

es über den Planeten. Karawanen von Pilzen, Kartoffeln, Gurken, viele, viele Salatköpfe, Tomaten und Zwiebeln…
Ein magischer Kreis schwebte über dem See; aus Tag wurde Nacht. Das Wasser sank tiefer und tiefer, bis man auf den Grund sehen und die Milchstraße erblicken konnte.
Eine unendliche Straße aus Tausenden von Sternen lag vor ihnen, und zusammen mit den anderen machten sich 12 und 31 auf die Reise.
Obstplaneten, Birnenmilchstraßen, Kohlrübenkometen und Petersiliesatelliten… ein endloser Zug. Hinter ihnen versank Zaker, aber das merkten sie nicht mehr, denn in diesem Moment begannen sie zu schmelzen. Eine neue Welt entstand.
Das Gemüsewasser wurde zu Luft. Warum nur? 12 und 31 würden das nie verstehen. Wie alles in dieser Dimension, vollzog sich die Verwandlung außerhalb jeglichen Verständnisses. Ein sintflutartiger Regen schwemmte die Milchstraße hinweg, und ein Spiralnebel trug 12 und 31 in andere Welten.
Noch einmal nahmen sie all ihre Kraft zusammen und verschmolzen in eines. Eine neue Form war entstanden: 1231.

1
2
3

Du brauchst
Karotten, rote Pfefferschoten oder Tomaten, Kohlblätter, Kartoffeln, Zwiebeln, Blumenkohl, Artischocken, Kürbis, Kohlrübe, Nadeln, Silberfarbe, Gabeln.

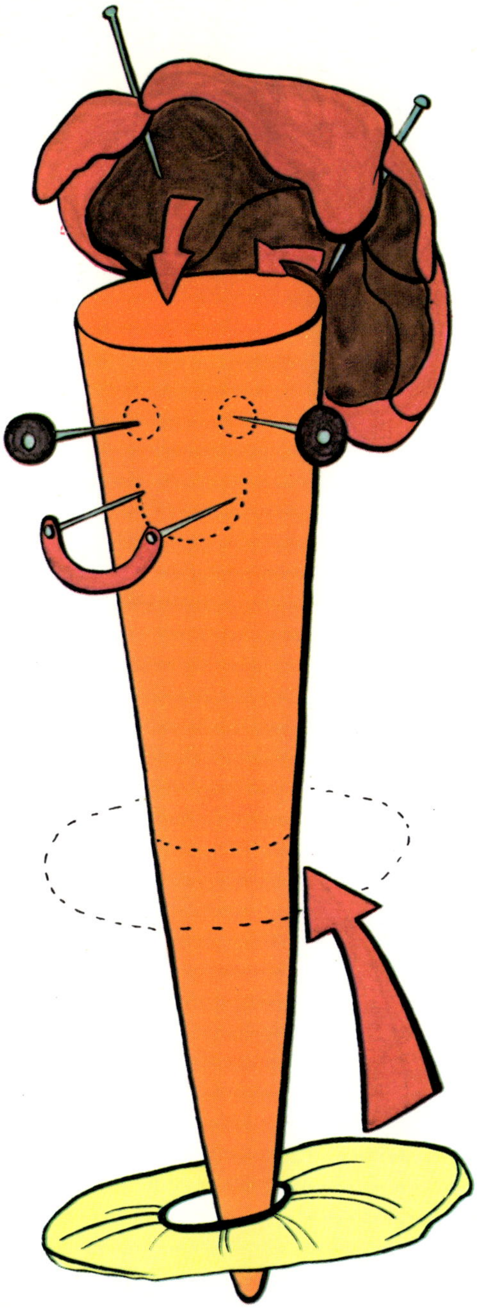

1. Für 12 und 31 brauchst du zwei saubere Karotten. Für die Gesichter hefte mit Hilfe von Stecknadeln zwei Kartoffelstückchen als Augen und ein Streifchen Tomate oder Pfefferschote als Mund an. Der Hut von 12 ist ein Kohlblatt, der von 31 wird aus Zwiebelscheiben gemacht. Die Fliege von 31 ist ein Blumenkohlröschen, der Rock von 12 sind Zwiebelringe (siehe Abbildungen 1, linke Seite).
2. Die vier Astronauten sind vier Artischocken, die mit Silberfarbe besprüht werden. Mit Karottenstückchen, Zwiebelringen und Kohlblättern kannst du die vier Abenteurer phantasievoll ausstaffieren (Abbildung 2).
3. Kürbis 02 ist ein Kürbis mit einer Kohlrübe obenauf, die mit Blumenkohlröschen verziert ist. Die Bullaugen sind Zwiebelringe, drei Gabeln die Beine (siehe oben).

Daniels Riesenkaleidoskop

Tick, Trick und Track wollen Daniel Düsentrieb, den Erfinder, besuchen und seine neuesten Schöpfungen anschauen. Aber da er gerade eine neue Wundermaschine austüftelt, läßt er sich nicht gerne stören und gibt ihnen zur Beschäftigung ein Kaleidoskop, das voll herrlicher Farben steckt und sie ins Land der Träume führt.

Du brauchst
eine dünne lange und eine dickere kurze Pappröhre, Spiegelfolie, Pauspapier, farbiges Zellophan, Klebstreifen, Messer, Schere, Kleber, Zirkel, Papier.

1. Miß zuerst Länge und Durchmesser der dünneren Röhre, die dir zur Verfügung steht.
2. Nun zeichnest du auf Papier einen Kreis mit demselben Durchmesser wie diese Röhre und teilst den Umfang durch drei.
3. Übertrag das Resultat mit dem Zirkel auf die Spiegelfolie und schneide drei Rechtecke aus, die in der Länge 3 cm kürzer sind als die Röhre (Abbildung A).
4. Mit durchsichtigem Klebstreifen werden die Teile zu Figur B zusammengeklebt und in die Röhre gesteckt.
5. Schneide aus Pappe einen Kreis mit einem Loch in der Mitte (C) und klebe ihn auf das eine Ende der Röhre.
6. Schneide aus Cellophan einen Kreis mit dem Durchmesser der Röhre (D) und klebe ihn an die Silberfolie.
7. Die Röhre, die du nun brauchst, muß etwas dicker als die erste sein, aber nur ein Drittel so lang. Schneide aus Pauspapier einen Kreis und klebe ihn auf das eine Ende (E).
8. Schneide aus buntem Cellophan winzige Schnitzelchen (F) und schütte sie in die dickere Röhre. Nun steckst du die dünnere Röhre in die dickere, so daß das Ende mit dem Loch oben ist. Das Kaleidoskop ist fertig; du mußt es nur noch dekorieren.

Ein Periskop

Die Panzerknackerbande will ein Unterseeboot bauen, um Onkel Dagobert bei der Suche nach einem Schatz auf dem Meeresgrund zu unterstützen. Aber ohne Periskop nützt ihnen das Boot gar nichts, denn das brauchen sie, um die Wasseroberfläche beobachten zu können.

1. Schneide aus Pappe Figur A aus. Länge und Breite hängen davon ab, wie groß dein Periskop werden soll. Vergiß nicht, die Löcher D und E (für die Augen) und das Rechteck auszuschneiden.
2. Aus Spiegelfolie schneidest du die Stücke B und C. Sie müssen so groß sein, daß sie oben und unten schräg in das Periskop hineingeklebt werden können.
3. Bevor du Figur A zusammenklebst, müssen noch die Öffnungen F und G angebracht werden, durch die nachher der Holzgriff gesteckt wird.
4. Kleb die beiden Spiegelfolienteile fest (richtige Position siehe Zeichnung). Schließ das Periskop und steck den Holzgriff durch.
5. Statt der Spiegelfolien kannst du auch Taschenspiegel nehmen. Sie werden auf Pappstücken aufgeklebt (siehe Abbildung).

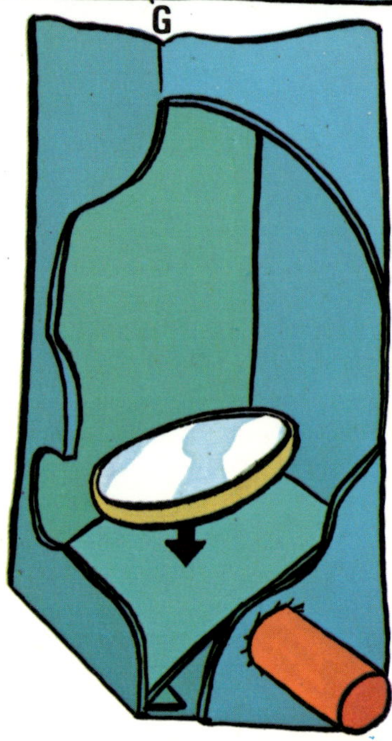

Du brauchst
Pappe, Messer, Lineal, Zirkel, Bleistift, Spiegelfolie oder Taschenspiegel, Kleber, Farben und Pinsel, Rundholz, Klebstreifen.

Das Apfel-Geduldspiel

Donald Duck, seine drei Neffen und Onkel Dagobert wollen auf dem Weg in die Ferien einen Abstecher nach Las Vegas machen. Tick, Trick und Track möchten das Spielparadies sehen, wo Donald ein Spielchen am Glücksautomaten wagen will. Onkel Dagobert ist über eine solche Verschwendung sehr böse, aber Donald ist eigensinnig – und gewinnt. Mit seinem letzten Pfennig entlockt er der Maschine einen Geldregen – und Onkel Dagobert ist glücklich, denn beim Anblick von Geld schlägt sein Herz immer höher! Aber es dauert nicht lange, und er streitet sich mit Donald um den Gewinn.

Dieses Spiel eignet sich prima als Geschenk für deinen besten Freund.

1. Du brauchst eine runde Dose mit Deckel. Bemale sie mit Emailfarben und laß sie über Nacht trocknen.
2. Schneide aus dünner Pappe einen Kreis mit demselben Durchmesser wie die Dose. Zeichne darauf drei Äpfel, drei Bananen und drei Birnen (siehe Abbildung) und male die Früchte schön an.
3. Klebe die Scheibe auf den Deckel.
4. Klebe drei Magnetstreifen oder neun kleine Magnete auf die Unterseite des Deckels genau hinter die Äpfel, Bananen und Birnen.
5. Den Deckel an seinen Platz legen. Das Spiel ist fertig und geht so: Jeder bekommt sechs Kugellagerkügelchen, die er während einer Minute auf dem Deckel herumrollen läßt. Dabei sollen die Kügelchen so oft wie möglich auf einer der Früchte liegenbleiben (durch die Magnete). Wer so die meisten Punkte sammelt, ist Sieger.

Du brauchst
runde Dose mit Deckel, Emailfarben und Pinsel, Bleistift, Zirkel, Plakatfarben, Kleber, dünne Pappe, Magneten, Kugellagerkügelchen.

Drei Geduldspiele

Tick, Trick und Track wollen Daniel Düsentrieb besuchen, weil sie nichts zu tun haben. Vielleicht hat er eine Idee, was man aus leeren Dosen machen könnte – und wirklich, im Handumdrehen hat Daniel sie in lustige Geduldspiele verwandelt.

Du brauchst
runde Dosen mit Deckel oder runde Konservendosen, Pinsel und Emailfarben, Draht, Zange, Hammer, Nagel, Kleber, Karton, Kugellagerkügelchen, Papier.

Erst einmal malst du alle drei Dosen schön an, vielleicht so wie auf dem Photo unten.

1. Das erste Spiel links im Bild ist ein Labyrinth, das aus verschieden langen dicken Drähten angelegt wird (A). Mit einer Zange biegst du die Drähte zurecht und klebst sie auf dem Deckel fest (B). In die Mitte des Deckels malst du ein kleines gelbes Quadrat (C).
2. Für das mittlere Spiel mußt du mit Hammer und Nagel fünf Löcher in den Deckel schlagen und um jedes einen Stern malen (D und E).
3. Für das Spiel rechts im Bild mußt du ein kleines Häuschen basteln (F) und es in die Mitte des Deckels kleben.

Anmerkung: Wenn du keine Dose mit Deckel findest, kannst du eine Konservendose nehmen und den Deckel aus Pappe selbst machen. Achte darauf, daß er nicht in die Dose fällt.

Spielregeln
1. Dein Kügelchen muß durch das Labyrinth in die Mitte zu dem gelben Quadrat rollen.
2. Rolle fünf Kügelchen so lange auf dem Deckel herum, bis sie in den Löchern verschwunden sind.
3. Das Kügelchen muß ins Häuschen rollen.

E
D
A
B
C
F

Flaschenkegel

Daisy hat alle zu einer Kegel-Party eingeladen. Donald Duck und Gustav Gans streiten sich wieder einmal darum, wer Daisy begleiten darf. Gustav Gans gewinnt, denn er hat ein dickes Auto. Donald ist so wütend, daß er beim Kegeln immer nur auf die Figur zielt, die wie Gustav aussieht. Gustav ärgert sich natürlich und macht das gleiche mit den Donald-Kegeln. Leider trifft er immer daneben, bis Daniel Düsentrieb ihm zeigt, wie man die Kugel rollen muß. Seine Kugel trifft genau in die Mitte und alle Kegel fallen um.
»Los geht's!« rufen Donald und Gustav im Chor und treffen gleich alle Neune.

Du brauchst
Plastikflaschen, Bleistift, Pappe, Pauspapier, Messer, Email- und Plakatfarben, Kleber, Wellpappe, Zeitungen, Kleister.

1. Alle Behälter mit weißer Emailfarbe anmalen. Über Nacht trocknen lassen.
2. Die Köpfe der Familie Duck auf Pauspapier vergrößern (1), danach auf Pappe übertragen. Mit Email- oder Plakatfarben anmalen.
3. Ausschneiden, dabei den »Hals« nicht vergessen (2). Er muß in die Öffnung der Plastikflasche hineinpassen.
4. Streifen aus Wellpappe zuschneiden und die Flaschenhälse damit auskleiden (3). Danach die Köpfe hineinstecken und festkleben (4).

Außerdem brauchst du einen Ball, den du dir aus Papiermaché machen kannst. Zeitungsschnitzel werden in Wasser eingeweicht, eine Kugel daraus geformt und mit Kleister bestrichen. Das in verschiedenen Schichten so oft wiederholen, bis die Kugel die richtige Größe hat.

Katzenspielzeug

Wenn sich deine Katze langweilt, kannst du ihr ja mal ein neues Spielzeug basteln. Hier sind ein paar Ideen.

Du brauchst
einen alten Strumpf, Knöpfe, Nadel und Faden, bunte Filzreste, Watte, Federn, Korken, Kleber, Schnur, Kronenkorken, Nagel, Hammer, Schere.

1. Ein alter Strumpf wird mit Watte ausgestopft und zugenäht.
2. An die Fußspitze einen Knopf als Nase annähen, darüber zwei kleine Knöpfe als Augen.
3. Aus buntem Filz den Schwanz, das Maul und die Ohren zuschneiden und annähen (Abbildung A und Photo).
4. Für das zweite Spielzeug brauchst du einen dicken Korken. Ringsum werden Federn hineingesteckt und festgeklebt (B). Obenauf kannst du einen Stern malen, das sieht hübsch aus.
5. Für das dritte Spielzeug nimmst du Kronenkorken. Jeden mit Hammer und Nagel in der Mitte durchschlagen (C).
6. Durch die Löcher Schnüre ziehen und verknoten.
7. Die Schnüre an einen Stock binden (siehe Abbildung C). Die Kronenkorken rasseln schön, was deiner Katze sicherlich gefallen wird.

Memory

Es regnet schon den ganzen Vormittag, und Donald geht zum Kartenspielen zu Daisy hinüber. Bisher hat er immer gewonnen, aber diesmal hat Daisy ein neues Spiel, bei dem man ein gutes Gedächtnis und scharfe Augen haben muß. Donald ist sich seiner Sache zwar ziemlich sicher, aber er verliert. Sechsmal spielen sie, und sechsmal verliert er. Da wäre er doch lieber im Regen spazierengegangen.

Du brauchst

Pappe, Lineal, Bleistift, Messer, Buntpapier, Kleber, Farben und Pinsel, Fixativ.

1. Für dieses Memory machst du dir aus Pappe sechzehn 8 x 12 cm große Kärtchen und beklebst die Rückseiten mit Buntpapier.
2. Acht Walt Disney-Figuren auswählen und sie auf je zwei Kärtchen malen. Das ergibt zwei Spiele zu je acht Karten.
3. Du kannst die Kärtchen mit Fixativ überziehen oder mit durchsichtigem Papier überkleben.

Spielregeln

Dieses Spiel wird zu zweit gespielt. Jeder Spieler hat einen Satz von acht Karten, die er mit dem Gesicht nach unten vor sich ausgebreitet liegen hat. Der erste Spieler hebt eine Karte auf, läßt sie auch den anderen sehen und legt sie wieder zurück. Nun ist der andere an der Reihe, und wenn er eine Karte aufdeckt, die der Gegenspieler schon gezeigt hat, muß er den Namen der Disney-Figur rufen und sie heraussuchen. Das Pärchen wird beiseite gelegt und das Spiel so lange fortgesetzt, bis ein Spieler keine Karte mehr hat. Wer die meisten Pärchen hat, ist natürlich Gewinner.

Cinderellas Puzzle

Cinderella will auf einen Ball gehen und möchte vorher ihr Kleid anprobieren, um zu sehen, ob es noch paßt. Ihre kleinen Freunde folgen ihr auf den Dachboden, wo das Kleid in einer Truhe aufbewahrt ist. Sicherlich wird Cinderella das schönste Mädchen auf dem Ball sein.

Du brauchst
weißen Karton, Bleistift, Pinsel, Pauspapier, Lineal, Messer, Farben.

Das Puzzle ist sehr hübsch und ganz einfach zu basteln.
1. Erst mußt du die Zeichnung auf die Größe bringen, die du haben willst, und auf weißen Karton übertragen. Anmalen und trocknen lassen.
2. Auf das Bild die Linien eintragen und ihnen sehr sorgfältig mit einem Messer nachfahren, so daß die Schnittkanten möglichst sauber sind. Die Dreiecke mischen und dann versuchen, das Bild von Cinderella wieder zusammenzufügen.
3. Da Puzzleteilchen schnell verloren gehen, solltest du sie in einer Schachtel oder einem Umschlag aufbewahren.

Die Ramschkiste

Es gibt so viele »nutzlose« Dinge, aus denen du die schönsten Sachen basteln kannst. Wenn du dieses Buch durchgesehen hast, weißt du, was aus Flaschenverschlüssen, Konservendosen, Korken, Bleistiftstummeln und so weiter alles werden kann. Du brauchst nur Phantasie, viel Zeit und Geduld. Stell dir eine große Schachtel zurecht, in der du all den »Ramsch« sammeln kannst, den die anderen fortgeworfen haben. Sie werden große Augen machen, wenn sie sehen, was unter deinen Händen daraus geworden ist!